RAPPORT

Des Commissaires nommés par la Commune partielle de Saint-Philippe-du-Roule, pour lui présenter le résultat des motions et débats qui ont eu lieu dans son assemblée générale du mardi 27 avril, relativement à l'instruction que le Châtelet a commencé contre les auteurs des excès commis dans la nuit du 5 au 6 octobre, et pour lui rendre compte des opinions que différens districts ont adoptées à cet égard, ainsi que pour lui proposer un projet d'arrêté sur ces motions, débats et arrêtés.

MESSIEURS,

LES commissaires auxquels vous avez prescrit de vous donner leur avis sur les différentes opinions qui vous ont été présentées mardi dernier, au sujet de la nouvelle instruction entamée par le Châtelet, ont procédé à l'examen de cette grande question avec toute l'attention dont son importance et votre confiance leur faisoient une loi.

L'auteur de la motion, qui avoit ouvert la dis-

A

cussion, dans votre dernière assemblée, a été de nouveau entendu; l'honorable membre qui l'a réfutée, l'a également été. Tous deux ont été ouïs contradictoirement; et l'opinion de plusieurs sections, dont les arrêtés nous sont parvenus, a été discutée, tant avec eux que séparément. Vos commissaires, enfin, suffisamment instruits, ont unanimement adopté l'opinion qu'ils vont soumettre à votre jugement, après vous en avoir exposé les motifs.

Le sens de la motion que vous avez entendue, et celui de toutes les motions du même genre, qui ont été faites dans la plupart des districts, est renfermée dans cette proposition : que *le Châtelet étant suspect à une partie de la ville de Paris, dans l'addition de plainte que son procureur du roi vient d'y porter, les sections réunies de la capitale doivent demander à l'Assemblée Nationale, qu'elle retire à ce tribunal les pouvoirs qu'elle lui avoit confiés, pour la poursuite des crimes de leze-nation, et ne les remette qu'à la haute cour nationale dont l'érection est projettée.*

Pour que cette proposition fût admissible, Messieurs, il faudroit avoir levé une foule de difficultés, dont nul de ceux qui l'ont adoptée ne paroît avoir soupçonné l'importance. Nous ne suivrons point leur exemple; et nous espérons réussir à vous les présenter sous un point de vue

(3)

qui leur conciliera toute votre attention, et déter-
minera définitivement votre jugement.

Nous procdéderont méthodiquement : ce sera
successivement dans le fonds, dans la forme et
dans les circonstances où elle est faite, que nous
examinerons, et la proposition en elle-même, et
la démarche qui en est une suite.

Quand au fond, Messieurs, ce n'est point sans
surprise que nous avons été forcés de reconnoître
qu'une vague défiance le constitue tout entier; et
que, comme si cela même ne le rendoit pas assez
ruineux, tous les motifs de cette défiance semblent
choisis exprès pour mettre le vice du fond dans
un plus grand jour.

*Le Châtelet, dit-on, n'a point condamné
tous les accusés que la voix publique lui a
designés comme ennemis de la révolution : donc
il pourroit bien comdamner ceux que la voix
publique designe comme ses vrais amis. L'occasion est favorable, ajoute-t-on, l'on instruit
contre les auteurs des attentats commis le 6
octobre. Or le châtelet ne peut-il pas diriger
contre les amis de la révolution le soupçon et
la preuve de ces crimes? On assure que plusieurs membres de l'Assemblée Nationale, qui
se sont signalés par leur patriotisme, sont déja
compromis dans cette procédure; il n'est donc
pas douteux que l'aristocratie n'en ait juré la*

perte ; et s'il en est ainsi , qui peut se croire en sureté ? La garde nationale qui a arrêté le cours des attentats commis à Versailles , la fidéle garde nationale doit trembler , et les héros même de la bastille courrent le plus grand danger ; car si l'on instruit contre les excès du 6 octobre , on n'instruit pas moins contre le mouvement du 5. Et puisque l'on recherche dans les époques antérieures , les germes des complots qui ont éclatés au sein de la demeure de nos rois , c'est la révolution entière que ce tribunal perfide veut frapper de l'anathéme qu'encourrent les crimes de leze-nation. . . . . .

Vain et ridicule amas de conjectures dénuées de preuves, d'allarmes dénuées de fondement, où l'on trouve rien , en dernière analyse , qu'une vague défiance.

Oui , Messieurs , une vague défiance ; car on ne nous donnera point comme un grave sujet de considération , la déclaration que le comité des recherches de l'hôtel-de-ville a fait afficher ; ce comité des recherches qui, après avoir dénoncé , le 23 Novembre dernier , au procureur du roi , les crimes du 6 octobre , ne veut pas maintenant qu'on les poursuive dans leur origine ; comme si leurs auteurs étoient nés ce jour même pour se livrer aux excès qui nous ont fait frémir ; comme s'il ne falloit point chercher dans des époques antérieures la trace des complots dont ils ont été les ministres.

On ne nous persuadera pas davantage qu'il y ait un motif solide de reproche contre le Châtelet, dans la lenteur du procès du prince de Lambesc ; puisque personne n'ignore les lenteurs qu'entraîne la contumace, et que personne ne doit ignorer l'ordre que le Châtelet a reçu de l'Assemblée Nationale, de joindre au procès de ce prince, celui d'un nommé la Richardiere, qui s'est dit envoyé de sa part, pour exciter des troubles en Aunis, jonction qui a entraîné des lenteurs nouvelles, occasionnées par l'emploi nécessaire de commissions rogatoires.

Nous ne pourrons de même considérer que comme une inexactitude insigne, le reproche qui est fait à ce tribunal d'avoir absout la demoiselle de Bissy, convaincue d'avoir eu un magasin de cocardes blanches, lorsqu'on sait qu'elle n'est point absoute, et qu'il est faux que l'on ait trouvé chez elle un dépôt de cocardes blanches.

Et enfin le jugement du sieur de Favras a prouvé suffisamment que le Châtelet n'attendoit point, pour rendre ses arrêts, l'approbation de l'aristocratie.

Nous le répétons donc, un sentiment aveugle ou vague de défiance est le fond de la proposition ; et l'on voudroit qu'un tribunal qui appartient à la nation entière, fut récusable, sur le fondement de ce vague sentiment de quelques personnes, lorsque le moindre juge ne peut être écarté sans preuves, dépouillé sans jugement ?

Quant à la forme, il semble que les idées ayent redoublé d'inexactitude et d'obscurité. De quelle droit, en effet, une section, vingt sections, la commune entière se placeroient-elles entre des accusés et leurs juges ? Est-il quelqu'un qui ne sache que c'est à l'accusé seul à reprocher les témoins, à récuser les juges, à décliner la jurisdiction ? Comment, surtout, excuser l'irrégularité de cette démarche, lorsque c'est entre un tribunal et des accusés qui appartiennent à la nation entière, que Paris veut s'introduire ? Quelle terreur si légitime, quelle nécessité si urgente d'une surveillance si extraordinaire justifieroit cette intervention, lorsque les personnes pour lesquelles on redoute le plus la partialité du Châtelet, sont placés dans un jour que de ténébreux complots ne peuvent braver, et dans une situation où tous les moyens de défense légitime redoublent de force et de supériorité ? Quelle dénomination, enfin, donner à cette vigilance si inquiete, à ce soin si officieux, quand plusieurs de ces personnes importantes, pour lesquelles on voudroit nous faire trembler, déclarent qu'elles défendront jusqu'au milieu de l'Assemblée Nationale même, l'attribution dont le Châtelet est investi ?

Ne craignons pas de le dire, si la vague dé-fiance qui dicteroit une démarche aussi inconsi-dérée, n'étoit que l'erreur d'une section, sa solli-citude, sans cesser d'être vaine, mériteroit plus d'indulgence. Mais elle prend un caractère trop important, trop impérieux, lorsqu'elle devient l'erreur d'un grand nombre de sections. Il semble que l'on croie alors que l'adhésion de la pluralité des sections la légitime, et que la commune de Paris puisse s'arroger une censure qui ne seroit exercée avec quelque convenance que par la plu-ralité des départemens du royaume. Nous tranche-rons le mot : une défiance aussi légérement con-çue, aussi irrégulièrement déclarée, et qui a pour but un tribunal et une procédure qui appartien-nent à la nation entière, seroit, si la commune de Paris, mieux instruite, y pouvoit persister, un délit public, non un acte de légitime surveillance.

Et dans quelles circonstances la commune de Paris compromettroit-elle à ce point sa dignité et son patriotisme ? C'est précisément quand les pro-vinces sont pleines de l'idée du despotisme, que l'aristocratie l'accuse d'exercer sur la constitution ; c'est dans la seule occasion où nous puissions prou-ver à la France, que le tribunal qui juge les crimes de leze-nation, est le tribunal de sa justice, et non celui de nos vengeances. C'est dans le seul moment où l'Europe puisse être convaincue que

A 4

l'amour de la liberté n'est point, chez nous, complice des crimes de l'ambition. C'est le jour même où le glaive des loix longtems suspendu sur les ennemis déclarés de la révolution, commence à menacer les faux amis de la patrie !...Quel mauvais génie acharné contre la gloire que la capitale s'est acquise, peut avoir suggéré une aussi funeste pensée ?

La simple suspension de l'attribution dont le Châtelet est investi ; notre seule démarche, fût-elle repoussée avec dédain par l'Assemblée Nationale, nous entache de complicité avec les brigands qui ont souillé nos triomphes, et condamne, aux yeux de l'univers, ces généreux amis de la liberté, ces courageux représentans de la nation, qui, tant de fois accusés devant elle des crimes de quelques furieux, le seroient encore d'avoir éludé par notre insurrection, le moment de se justifier.

Il ne doit vous rester aucun doute, Messieurs, sur l'insuffisance du fonds, sur l'irrégularité de la forme, sur l'inconsidération de la démarche que plusieurs sections de la capitale se sont proposées. Ce seroit en vain que l'on croiroit avoir écarté la plupart des interprétations fâcheuses qu'on peut lui donner, par la demande d'un tribunal vraiment constitutionnel, d'une haute Cour *spécialement chargée de connoître des crimes de*

lèze-nation ; car, outre que cette demande ne jus-
tifie pas le fonds, ne corrige point la forme de la
démarche ; outre qu'elle écarte mal la défaveur
qui poursuit toujours ceux qui disputent sur la
jurisdiction ; observez, Messieurs, combien ils
connoissent peu la liberté, ces citoyens, d'ailleurs
brûlans de l'amour de la patrie, mais toujours in-
quiets quand il faut se confier, et toujours con-
fians quand il faut craindre, ces citoyens qui ne
savent point qu'il n'exista jamais de liberté dans
un pays où l'on distingua les crimes de lèze-majesté nationale et royale par le privilège d'une
procédure particulière et d'un tribunal particulier ;
qui ignorent que des comités de recherches, un
système de dénonciation, un tarif de prix accor-
dés aux délateurs, une commission enfin, établie
pour juge du crime de lèze-nation, sont autant
d'infirmités uniquement attachées à la crise de la
régénération ; qui ne savent point qu'en cher-
chant, dans cet état provisoire, la base d'un
état permanent, ils feroient d'un inconvé-
nient de la révolution, un vice de la constitution, et fonderoient un effrayant arsenal,
où le parti dominant trouveroit toujours, pour
servir ses vengeances, des poignards dont le despotisme et l'aristocratie dirigeroient le plus sou-
vent les perfides atteintes. . . . Ah ! Messieurs !
s'il étoit une démarche que, dans cette circons-

tance, l'amour pur et désintéressé de la patrie pût dicter à ces citoyens dont le zèle inquiet ne s'est pas encore rassuré, en voyant l'Assemblé Nationale aller sans cesse au-devant et au-delà de leurs desirs, cette démarche devroit être une ardente prière à nos représentans, de ne point permettre que la connoissance des crimes de lèze-majesté nationale et royale devienne définitivement une attribution exclusive ; de pourvoir à ce que la puissance dont le Châtelet a été investi par la né-nécessité des circonstances, s'éteigne avec lui ; d'assurer les vrais amis de la liberté que les recherches faites à l'occasion des troubles de l'orageux intervalle du 12 juillet au 6 octobre, seront un fait isolé, sans conséquence comme sans exemple, et que les principes qui les ont dirigées, demeureront, comme le Châtelet lui-même, une de ces choses *provisoires* dont la constitution ne conservera point la trace.

Tels sont, Messieurs, les motifs de notre opinion unanime. C'est celle, nous l'osons dire, de citoyens dignes de la confiance dont vous les honorez. En consacrant notre jugement vous n'aurez peut-être point le stérile honneur de grossir la majorité des sections, mais vous aurez la gloire d'être de cette honorable minorité qu'applaudissent les bons esprits, et à la tête de laquelle sont déjà les sections les plus sages ; de cette minorité généreuse

que ne séduisent point les dangereux exemples ;
que n'entraînent point les intrigues de l'aristocratie et les sophismes des faux amis du peuple ; de
cette minorité, enfin, que l'histoire cite avec recon-
noissance quand elle rappelle ces tems de délire,
où la pluralité s'égaroit au gré des factions dont
elle étoit le jouët.

Des opinions qui vous ont été proposées, celles
du second opinant a réuni nos suffrages unani-
mes. C'est donc son arrêté que nous remettons
avec confiauce sous vos yeux.

Signé, Ollivier Descloseaux, *Président ;* Bai-
gneres, *Commissaire-rapporteur ;* Anquetil, Le-
breton de Corbelin, Vauvilliers Lacroix-Morlot,
Combette, Roussel.

PROJET D'ARRÊTÉ.

La Commune partielle de Saint-Philippe du
Roule, instruite des alarmes que l'on cherche à
répandre relativement aux poursuites que le Châtelet a commencées contre les auteurs des excès
qui ont souillé la matinée du 6 octobre ; poursuites dans lesquelles on suppose plusieurs mem-
membres de l'Assemblée Nationale compromis,
et dont on affecte de redouter les conséquences
pour la constitution.

Considérant que l'on ne peut concevoir nulle crainte légitime, relativement à la sûreté des citoyens que toutes les loix et toutes les forces du royaume protègent le plus immédiatement.

Considérant particulièrement que c'est un vain soin que celui de veiller pour l'Assemblée Nationale, sur l'usage des pouvoirs exercés sous ses yeux.

Frappée du peu de fondement des motifs de défiance que l'on voudroit lui faire adopter, et ne concevant point comment la constitution tiendroit au sort d'un procès et au jugement de quelque personne que ce fût, tant qu'elle est écrite dans le cœur de tous les Français, tant qu'elle est leur propriété la plus chère, et le plus précieux héritage qu'ils comptent transmettre à leurs enfans.

Reconnoissant sur-tout que le respect pour les loix et les magistrats est la plus certaine sauvegarde de la liberté, et que ce respect est incompatible avec ces accès de vaine défiance dans lesquels on veut puiser un moyen péremptoire contre le tribunal que l'Assemblée Nationale a chargé du soin d'écarter de la constitution, et les ennemis et les faux amis qui environnent son berceau.

Considérant d'ailleurs que nul n'a droit de récuser des juges et des témoins, que celui qui est opposé à leur témoignage ou soumis à leur jugement ; et que le Châtelet, appartenant à la France

entière , ce seroit au moins à la pluralité des départemens du Royaume et non à celle des sections
de la Capitale, qu'il appartiendroit d'exercer la
redoutable censure que l'on voudroit s'arroger.

Convaincue sur - tout que rien n'importe à la
ville de Paris, comme de voir démêler aux yeux
de la France : d'une part, le mouvement légitime
qui, le 5 octobre , entraîna ses braves milices à
Versailles; de l'autre , les coupables projets qui
ont enfanté les attentats du 6.

Persuadée enfin que récuser un tribunal, qu'en
demander un autre , que suspendre le cours d'une
instruction qui ne sauroit menacer les vrais amis de
la liberté, au milieu d'un peuple libre, et au grand
jour qui éclaire la procédure , ce seroit accréditer
de propos délibéré , les calomnies que l'aristocratie n'a entassées que trop aisément autour de cette
époque, où le brigandage et les factions ont en-
sanglanté les pas du patriotisme ; ce seroit donner
quelque probabilité aux soupçons injurieux qu'elle
a répandus sur plusieurs des membres de l'Assemblée Nationale, auxquels la liberté a les plus gran-
des obligations.

Desire que rien n'arrête la marche d'une instruction qui portera la lumière sur cette circons-
tance de la révolution , et mettra dans tout leur
jour , les sentimens des braves citoyens qui ont eu
le bonheur d'en faire avorter les complots.

Arrête que son vœu sera porté :

A M. le Président de l'Assemblée Nationale, avec l'expression de sa soumission aux décrets de cette assemblée.

A M. le Maire et à M. le Commandant général.

A la Commune de Paris.

Aux cinquante-neuf sections, avec prière d'en prendre les principes en prompte considération.

Extrait du registre des délibérations du district de S. Philippe du Roule, du dimanche 2 Mai 1790.

La Commune partielle de S. Philippe du Roule, légalement convoquée en la manière accoutumée, après avoir entendu le rapport et le projet d'arrêté ci-dessus, l'a adopté unanimement dans son entier, et en a ordonné l'impression,

OLLIVIER DESCLOSEAUX, *Président.*

LANGLOIS, *Secretaire-Greffier.*

A PARIS, de l'Imprimerie de BRUNE, rue du Théâtre Français. 1790.

www.ingramcontent.com/pod-product-compliance
Lightning Source LLC
LaVergne TN
LVHW051038060726
842524LV00007B/2886